Holger Zimmermann

Gestatten, Idepap!

Humorvolle Geschichten aus dem Projektalltag

AF202341

www.tredition.de

© 2016 Holger Zimmermann

Das Projektmensch-Team: Corinna Derra, Ulrike Gebauer,
Daniela Wörner, Tina Zimmermann
Umschlaggestaltung: Christoph Prenosil
Idepap Illustrationen: Sören Henssler

Verlag: tredition GmbH, Hamburg

ISBN
Paperback: 978-3-7345-0490-7
Hardcover: 978-3-7345-0491-4
e-Book: 978-3-7345-0492-1

Printed in Germany

Projektmensch

Mit Projekten ist mehr möglich
als man ahnt.

Für Mutsch

Inhalt

Geschichten sind mächtig

Es war eine neue Situation für Idepap. Nach einem Prozess, der weit mehr als anderthalb Jahre gedauert hatte, hatten er und sein Geschäftspartner den Schritt vollzogen und waren nun auf getrennten Pfaden unterwegs.

"Habt Ihr Euch gestritten?" war eine häufige Vermutung, die gegenüber Idepap geäußert wurde. Dem konnte er ein klares "Nein!" entgegen setzen.

In vielen Besprechungen hatten Idepaps Partner und Idepap die zukünftigen Wünsche und Perspektiven erörtert und analysiert. Schritt für Schritt hatte jeder der beiden ein Zukunftsbild aus der eigenen Perspektive entwickelt und diese beiden Bilder wurden dann abgeglichen.

Dabei wurde offensichtlich, dass sich die Aufgabengebiete in den vergangenen Jahren stark unabhängig voneinander weiterentwickelt hatten. So war der Schritt, in Zukunft unabhängige Pfade einzuschlagen, ein logischer gewesen.

Idepap genoss die neue Freiheit auf der einen Seite, wenn er auch zugeben musste, dass es ein komisches Gefühl gewesen war, die Firmenschilder auszutauschen. Letztlich hatte die lange und schrittweise Vorbereitung dazu beigetragen, dass der Blick nach vorne nun weit leichter fiel. Und in dieser Richtung hatte Idepap noch Einiges vor.

Eines der ersten Vorhaben, die Idepap neu in sein Portfolio aufnehmen wollte, war eine eigene Projektentwicklung. Über Jahre hatte er immer wieder Projekte begleitet und dabei die Ideen anderer entwickelt. Jetzt, so dachte er, ist es an der Zeit, auch eigene Projekte zu entwerfen. Ideen hatte er letztlich genug.

Die erste Sache, die er dazu lernen wollte, war das Akquirieren von Risikokapital. Auf diesem Gebiet hatte er bisher nur wenig Erfahrung und fast keine Kontakte. Literatur schien es auch nicht zu geben, zumindest fand Idepap keine, die ihm gefiel.

Deshalb beschloss er, eine seiner Ideen zu nehmen und diese so weit zu entwickeln, dass er Kontakt zu Kapitalgebern aufnehmen konnte. Dass ihm die übliche Struktur der Geschäftspläne nicht ganz passte, hakte er inzwischen als für ihn typisch ab.

Er überlegte sich, wie er jemanden von seiner Idee begeistern wollte. Eine ausdrucksstarke Geschichte sollte es werden. Als Einstieg wählte er die Entstehung seiner Idee.

Geschichten, so wusste er, waren mächtig.

So ein Zufall

Idepap war platt. Der Workshop am Vormittag hatte volle Konzentration erfordert. Jetzt war er auf dem Heimweg und hatte noch gut eine Stunde durch den Schwarzwald zu fahren.

Gerade war der erste Schnee gefallen. Idepap genoss den Anblick der weiß gepuderten Berghänge, während er gemütlich hinter einem Lkw fuhr.

"Dass die Menschen auch immer meinen, man schüttle solch einen Workshop aus dem Ärmel."

Irgendwie war man zu einem guten Ergebnis gekommen, hatte ein Teilnehmer gerade noch erwähnt.

"So ein Zufall!", dachte Idepap bei sich und erinnerte sich daran, wie er Stunden darüber gebrütet hatte, wie er die Besprechung strukturieren sollte.

Er war sich bewusst, dass das Ergebnis, das er lieferte, auch davon abhängig war, wie viel Energie er im Vorfeld bereits investieren konnte. Er war sich sicher, dass viele seiner Auftraggeber mit etwas Training und Übung in der Moderation auch fit wären.

Allerdings war es eine echte Herausforderung, bewusst zu machen, wie wichtig es war, Energie dafür zu investieren.

Konflikt in Sicht

Idepap war nicht wohl zumute. Gerade hatte ein langjähriger Geschäftspartner angerufen und ihn gebeten, einen Veränderungsprozess zu begleiten. An sich war das Anlass zur Freude, vor allem, da es sich um ein längeres Engagement zu handeln schien.

Was Idepap nachdenklich machte, war die Tatsache, dass sein künftiger Auftraggeber die Arbeit bereits begonnen hatte.

"Warum rufen die nicht vorher an?" brummelte er vor sich hin, während er Zettel und Stift zu sich her zog, um erste Gedanken zu Papier zu bringen.

Als Berater hatte er es schon so oft erlebt, dass ein ganzer Prozess heftig ins Holpern kam, nur weil zu Beginn niemand darüber nachgedacht hatte, was denn der zweite und dritte Schritt sein würden.

Hier schien das auch wieder der Fall zu sein: das Team stand und hatte einen ersten Auftrag.

Aber was dann geschehen sollte, das war nicht abgestimmt worden. So standen die Mitglieder der Arbeitsgruppe nun wie der Ochs vorm Berg und hatten keine Ahnung, wie es nun weitergehen sollte. Der erste Konflikt war programmiert.

In einem guten Auftrag steckt richtig Arbeit

Es war wie Idepap vorhergesehen hatte: gerade war das erste Treffen der Arbeitsgruppe zu Ende gegangen und Idepap war platt. Vermeintlich klare Ziele waren doch nicht so klar und so einig darüber, was man nun machen sollte, war die Gruppe auch nicht.

Das, gepaart mit gehöriger Unsicherheit veranlasste Idepap, gleich um ein Gespräch mit seinem Auftraggeber zu bitten.

"Ich möchte an diesem Projekt erst weiterarbeiten, wenn wir einen klaren Auftrag formuliert und die Rahmenbedingungen abgesteckt haben", formulierte Idepap seine Forderung.

"Ich denke, der Auftrag war klar?"

"Scheinbar ja. Leider hat die Arbeitsgruppe kein einheitliches Verständnis davon. Deshalb halte ich es für unabdingbar, dass wir diese Punkte gemeinsam formulieren. Nur dann können wir sicherstellen, dass wir in die richtige Richtung marschieren und der Aufwand nicht aus dem Ruder läuft."

Idepap hatte nur einmal den Fehler gemacht, trotz unklarer Ausgangslage das Projekt voran zu treiben. Am Ende hatte sie das mehr als eingeholt und der Aufwand war explodiert. Das wollte Ide-

pap vermeiden, wohl wissend, dass es für den Auftraggeber mehr als unbequem war, einen präzisen
Auftrag zu formulieren.

"In einem guten Auftrag steckt richtig Arbeit",
erklärte er deshalb.

Ein klarer Auftrag

Erst über zwei Stunden später, mit einem präzisen Auftrag in der Tasche, verließ Idepap das Arbeitszimmer seines Auftraggebers. Bevor er ins Auto stieg, holte er aus dem Kofferraum eine Flasche Wasser und steckte diese in den entsprechenden Halter vorne im Cockpit. Er war etwas spät dran und die Fahrt ins Badische würde dauern.

"Nun haben wir es doch noch geschafft ...", sinnierte Idepap, der heilfroh war, diesen Schritt gemacht zu haben.

Nun galt es, dem Projektteam die Chance zu verschaffen, sich neu aufzustellen. Idepap hatte dafür bereits einen Termin reserviert, indem er nochmals die Ausgangslage samt Auftrag erfassen und gemeinsam das Projektziel samt Zwischenzielen festhalten wollte.

Das war zum einen aus sachlichen Gesichtspunkten wichtig, zum anderen aus Gesichtspunkten des Teamaufbaus. Über diese Diskussion konnte er gezielt für Feedback sorgen, das beim Teamaufbau elementar war.

Der Workshop selbst sollte nicht lang dauern. Zwei Stunden hatte er dafür eingeplant. Anschließend wollte er sich mit dem Projektleiter Zeit nehmen, um dem Team einen Vorschlag für einen Zeitplan machen zu können. Die Projektstruktur, da war er sich sicher, bedurfte nur weniger Anpassungen – wenn diese auch grundlegend wichtig waren.

"Wie hilfreich diese Instrumente doch sein können", freute er sich und setzte den Blinker, um den Lkw vor ihm zu überholen. Da wenig Verkehr war, würde er rechtzeitig zum nächsten Termin kommen.

Sich eine Auszeit gönnen

Idepap war müde und er fand, er hatte sich die Auszeit redlich verdient. Die vergangenen Wochen waren verrückt gewesen.

"So viele Termine und Aufgaben", hörte er sich sagen und schlenderte zur Kaffeemaschine.

'So ein Tag zuhause, der tut unglaublich gut', musste er zugeben, während die Küche vom Geräusch des Mahlwerks erfüllt war. Ein Cappuccino sollte es werden.

Jedes Mal, wenn Idepap sich solch eine kleine Auszeit nahm, musste er sich zwingen, Nichts zu tun.

Es war nicht leicht angesichts der Liste, die ihn immer und jederzeit darauf hinwies, was es noch alles zu tun gab. Trotzdem hatte er sich in den vergangenen Monaten immer einen solchen 'Tag des Studiums' genommen.

Das Irrwitzige daran war, dass er bei aller Entspannung am Ende des Tages meist mehr erreicht hatte, als an diesen "Das Telefon klingelt unaufhörlich"-Tagen.

DIE RICHTIGEN
„WERKZEUGE"
EINSETZEN!

Der Projekt-Werkzeugkoffer

Idepap war fix und alle. Es war ein langer Abend gewesen und endlich war er zuhause. Allerdings fühlte er sich auch sehr zufrieden, hatten die Diskussionen ihm doch einige Dinge bewusst gemacht.

Es war um die Anwendung von Projektmanagement-Wissen gegangen. Die ihm gegenüber gesessen hatten, hatten sich mehr dafür interessiert, was man mit Idepaps Methodik anstellen kann, denn für den Nutzen der Methode selbst.

Über das Erobern neuer Geschäftschancen hatten sie gesprochen und über Aufträge in einer Größe, die Unternehmen sich zuvor niemals zugetraut hätten. Das war es, was Idepap mit seinem Projekt-Werkzeugkoffer möglich machte.

Unter anderem.

Nach und nach entstand eine Liste in seinem Kopf, welche Veränderungen dieses Köfferchen schon bewirkt hatte und er nahm sich vor, in Zukunft öfter darüber zu sprechen, was man mit diesem alles möglich machen könnte.

Für ihn war das bisher immer so offensichtlich gewesen, für seine Gegenüber keineswegs.

Schlüsselfragen für neues Geschäft

Am Telefon überfallen hatte er ihn, so dass Idepap immer noch ganz durcheinander war. Irgendjemand habe behauptet, Idepap könne neues Geschäft beschaffen. Er glaube ja nicht recht daran, aber ein Anruf, der könne ja nicht schaden. Mit diesen Worten hatte der Anrufer sich gemeldet. Nicht einmal vorgestellt hatte er sich.

"Ja, ich kenne Kniffe, um neues Geschäft zu erschließen", hatte Idepap geantwortet, auch um Zeit zu gewinnen.

"Aber Sie kennen meine Branche doch gar nicht. Sie haben doch keine Ahnung von meinem Geschäft!" konterte der Mann am anderen Ende der Leitung.

Dem konnte Idepap nur Recht geben, nachdem er erfahren hatte, dass es um hochwertiges medizinisches Gerät ging, das über Ärzte, Apotheken und international über den Versandhandel an Endkunden verkauft wurde.

"Wissen Sie, die Eigenart bei der Erschließung neuen Geschäfts ist, dass man heute noch nicht alles weiß, was man morgen wissen wird. Man erschließt sich unbekanntes Terrain. Das gilt für Sie ebenso wie für mich. Was ich dazu beitragen kann sind die Werkzeuge, die dabei helfen: wie etwa eine systematische Vorgehensweise.

Die Instrumente des Projektmanagements sind dafür prädestiniert, systematisch neues Geschäft zu erschließen."

"Aha", grummelte es am anderen Ende der Leitung. "Und wie machen Sie das?"

Das am Telefon zu erklären war Idepap nicht so recht. Er hätte gerne ein paar Skizzen dazu gereicht. Trotzdem, da sein gegenüber insistierte, hatte er den Versuch unternommen.

"Zwei Schlüsselfragen sind für mich a. wer für die Erschließung neuer Geschäftschancen verantwortlich zeichnen und b. welches konkrete Ziel verfolgt werden soll. Sind diese Fragen beantwortet und die Ausgangslage ehrlich erfasst, kann man daraus einen passenden 'Schlachtplan' entwickeln. Der jedoch wird von Branche zu Branche und Unternehmen zu Unternehmen anders aussehen."

Es wurde noch ein längeres Gespräch. Idepap diskutierte über die Ansoff-Matrix, Task-Force-Management und die Wichtigkeit der Integration des Vertriebs von Beginn an bis über die Entwicklung eines Businessplans als Entscheidungsgrundlage und einige Punkte mehr. Sein Gegenüber hatte Fragen um Fragen.

Nach mehr als zwei Stunden stoppte der Anrufer und meinte nur: "Danke. Das hat jetzt geholfen. Schicken Sie mir die Rechnung!"

Jetzt war Idepap zum zweiten Mal baff und er wurde das Gefühl nicht los, dass dieser Dialog noch weitere nach sich ziehen könnte.

Krisen – Nährboden für Veränderung

"**W**ir hatten einen Einbruch der Aufträge um 37 Prozent!"

Idepaps Gegenüber glich einem Häufchen Elend. Von nur einer Branche war das Unternehmen von Max Kladd abhängig.

"Erst der Preiskampf und jetzt auch noch das." Kladd kam aus dem Jammern gar nicht mehr heraus.

So viele kurzfristige Einsätze wie derzeit hatte Idepap noch nie gehabt. Und er hatte noch nie so oft hintereinander Häufchen Elend gesehen, die 'Unternehmer' oder 'Geschäftsführer' auf ihrer Visitenkarte stehen hatten. Viele jammerten und waren regelrecht blockiert: anstatt systematisch zu handeln und Energie zu bündeln schien es, als würden sie einfach nur warten und hoffen, dass irgendwie alles von alleine vorbeigehen würde.

Idepap war da anders gepolt. Er sah Kladd in die Augen und fragte: "Wollen Sie etwas daran ändern?"

"Wie denn? Da kann man nix machen!" jammerte der zurück.

"Doch man kann! Aber erst will ich Ihre Entscheidung: sind Sie bereit etwas zu ändern?"

Ein vorsichtiges "Ja" war Idepap nicht genug.

Erst als Kladd sich bereit erklärt hatte, den Kopf nicht in den Sand zu stecken und gezielt anzupacken, war Idepap zufrieden.

"Dann lassen Sie uns loslegen!"

Um schnell kurzfristige Absatzchancen zu erkennen, gab es jede Menge wissende Mitarbeiter im Unternehmen. Die meisten Bosse zapften dieses Wissen lediglich nicht an. Idepap hatte einen Workshop entwickelt, wie man diese Ideen in kurzer Zeit sammeln, bewerten und deren Umsetzung in die Wege leiten konnte.

Die Kunst war es, über die ersten – meist eher negativen – Gedanken hinweg zu kommen. Das systematische Durchleuchten von Kundengruppen, hinsichtlich deren Problemen in der derzeitigen angespannten Lage, war dabei ein Schritt, um kurzfristige Absatzchancen zu identifizieren.
Und nicht selten entstanden dabei auch Ideen, die langfristig zu neuen Produkten werden konnten.

Krisen waren aus Idepaps Sicht eben der perfekte Nährboden für Veränderung.

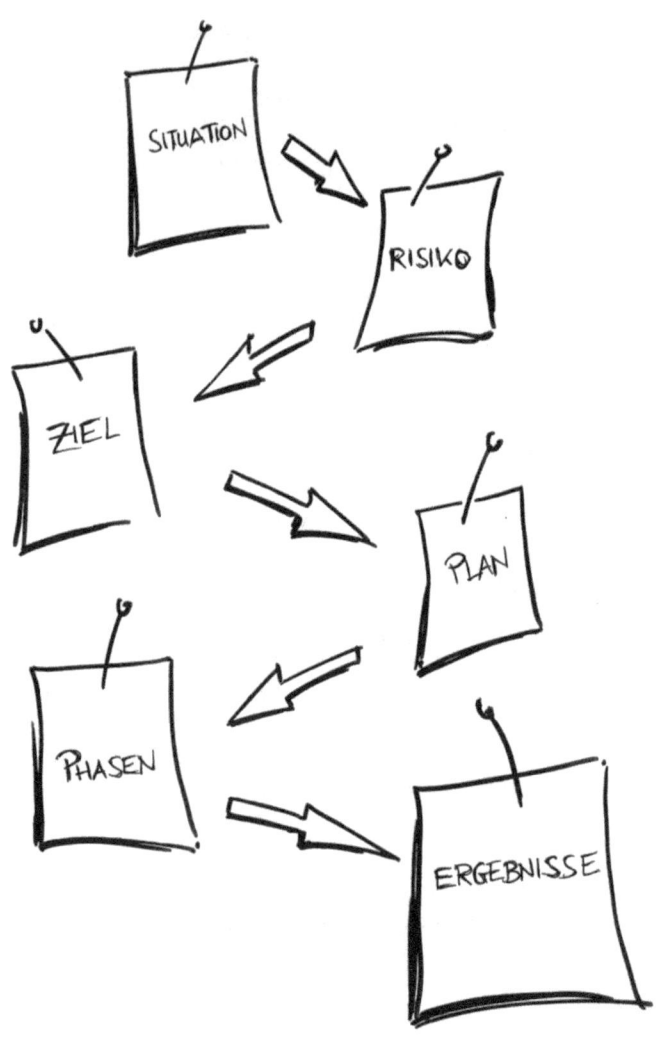

Elefanten isst man nicht am Stück

"Es ist zum Verrücktwerden!"

Idepaps Gesprächspartner war die Wut förmlich ins Gesicht geschrieben. "Da kämpft man Wochen mit dem Betriebsrat und kämpft und kämpft, dabei sollte man doch eigentlich nach vorne schauen. Meinen Sie, ich will wirklich entlassen? Meinen Sie, das macht mir Spaß?"

Idepap blieb einfach nur sitzen, etwas verlegen schaute er auf den Tisch, während Krämer weiter wetterte: "Und dann will man was auf die Beine stellen und keiner ist da! Die Kurzarbeit sorgt noch für einen Herzinfarkt!"

Dabei war die Situation für Idepap nicht neu, denn er hatte ähnliche Gespräche bereits erlebt. Da war bei Vielen so viel Arbeit und so wenig Zeit. Und beim Antrag für Kurzarbeit hatte man schlicht vergessen, dass man wenigstens eine Kerntruppe brauchte, die die Kapazität hatte, den Weg nach vorne zu bahnen.

Nachdem Krämer, der Geschäftsführer eines mittelständischen Betriebs der Auto-Zuliefer-Branche war, sich beruhigt hatte, forderte Idepap Gehör:
"Elefanten isst man nicht am Stück!"

Er hatte es oft erlebt, der Geschäftsführer – wenn man Glück hatte – wusste was zu tun war. Leider nur er. Und so schien der Arbeitsberg samt der Verantwortung große Männer schrumpfen zu lassen.

"Was für ein blöder Spruch!" konterte Krämer.

"Aber wahr", erwiderte Idepap, "oder wie wollen Sie denn Arbeit verteilen, wenn nur in Ihrem Kopf klar ist, was es zu tun gibt?"

Er forderte Krämer auf, einfach mal zu erzählen, was seiner Meinung nach zu tun und welche Ziele in der nächsten Zeit zu erreichen waren. Nach und nach gewann der Projektstrukturplan an Kontur.

Als Idepap alle Bereiche aufgemalt und alle Tätigkeiten erfasst hatte, Krämer saß schweigend da und beobachtete, reichte Idepap den Zettel über den Tisch und hakte nach:
"Wer ist für was verantwortlich?"

Da wurde Krämer bewusst, dass oben drüber überall sein Name stand, wenn auch unbewusst. Damit war wiederum Idepap klar, dass der erste Schritt getan war.

Turbulente Zeiten

"Kann bitte mal einer die Tür zu machen?"

Das Wetter war wirklich mindestens so turbulent wie die wirtschaftlichen Zeiten. Aber solch eine Chance bot sich eben nicht jederzeit.

Seit zwei Monaten waren Ebersberger und Idepap nun schon am Werk und hatten einen neuen Kunden nach dem anderen an Land gezogen. Die galt es nun zu deren Zufriedenheit zu bedienen. Darauf legten die beiden das ganze Gewicht: die Abwicklung musste reibungsfrei gelingen.

Die Idee hatte am Anfang wirklich verrückt geklungen. Aber nach mehreren Nächten des Darüber-Schlafens war Ebersberger zur Überzeugung gekommen, dass er es versuchen wollte: im Gegensatz zu allen seinen Wettbewerbern hatte er keine Kurzarbeit angemeldet. Im Gegenteil, er hatte sogar neue Stellen ausgeschrieben.

Diese und die ketzerische Botschaft "Unser Laden läuft noch: wir sind für Sie da während andere Kurzarbeit machen!" hatten dazu geführt, dass all diejenigen, die beim Wettbewerb nicht oder nur schlecht bedient wurden, bei Ebersberger gekauft hatten.

So konnte er gar ein kleines Umsatzplus verbuchen und hatte eine mehr als dankbare Mannschaft, die alles daran setzte, weiterhin mit solch guten Nachrichten in allen Medien zu glänzen.

Die Wahl – und das Risiko

Es war mehr als offensichtlich: den Umsatzeinbruch im Stammgeschäft von über 55 Prozent konnte auch die beste Vertriebsmannschaft der Welt nicht mehr auffangen. Ganz abgesehen davon, dass nun klar war, dass einige der bisherigen Kunden bald nicht mehr existieren würden. Mit Kurzarbeit und einem drastischen Kostensenkungsprogramm hatten Willms und Knief sich bisher noch über Wasser halten können. Mehr aber auch nicht. Es zeigte sich als Fehler, dass an der Absatzfront nichts gemacht worden war.

"Herr Idepap, Sie haben uns noch geraten vor allem an der Absatzseite zu agieren. Das haben wir nicht beherzigt. Jetzt haben wir den Salat."

Knief war sichtlich geknickt. Er hatte schon einige schlaflose Nächte hinter sich.
"Und was machen wir jetzt? Einsteigen oder uns abmelden? Wir haben die Wahl – und das Risiko."

Idepap hatte nun wirklich schon lange versucht die Herren darauf aufmerksam zu machen, dass die Entwicklung von Neugeschäft auf stabile Beine gestellt werden musste. Das war Willms und Knief nun schlagartig bewusst geworden.

"Ein guter Prozess," begann Idepap, „fängt bei der Ideenentwicklung an. Diese Ideen müssen systematisch entwickelt und gesammelt werden. Dann darf nicht jede Idee auch zu einem Neugeschäft-Projekt werden. Nur die Besten."

„Und anschließend," führte er fort, „gilt es jedes Projekt systematisch zu starten, um die Erfolgsquote zu erhöhen."

Prioritäten setzen

"So, so!" dachte Idepap bei sich. Nun war das Geschäftsjahr so erfolgreich zu Ende gegangen, dass er es nicht mehr geschafft hatte, sich um Weihnachtsgeschenke zu kümmern. Er war regelrecht platt.

"Da musste ich Prioritäten setzen!" formulierte er in Gedanken eine Ausrede, wie sie wohl in der schönen Welt des 'Business' gern gehört werden würde. So zumindest Idepaps Annahme, dem sogleich das Bullshit-Bingo[1] einfiel.

Erst kürzlich war er selbst versucht gewesen, dieses Spiel in einem 'Meeting' zu benutzen, das "Das Development von Business-Synergien durch Project Management Tools" zur Überschrift hatte.

Er war persönlich eingeladen worden und hatte den Gastgeber nicht mit einer Absage vor den Kopf stoßen wollen. Als 'hochkarätiger Redner mit MBA', erworben an einer bekannten 'Business School' war ihm der Vortragende angekündigt worden. Eine Rückmeldung hinterher hatte Idepap

---

[1] "Auch **Buzzword-Bingo** und **Besprechungs-Bingo** genannt, ist eine humoristische Variante des Bingo-Spiels, die die oft inhaltslose Verwendung zahlreicher Schlagwörter in Vorträgen, Präsentationen oder Besprechungen persifliert." Quelle www.wikipedia.de

sich jedoch nicht verkneifen können. Und die war nicht besonders positiv ausgefallen.

Idepap beschloss offen und ehrlich damit umzugehen. Mit dem Thema 'Weihnachtsgeschenke'. Und er nahm sich insgeheim vor, zu Beginn des nächstens Jahres ...

"Naja, nicht jetzt!" dachte er bei sich und drückte auf den Taster des Kaffeeautomaten.

Der Projektstart – eine knifflige Sache?

Idepap hatte es förmlich gespürt. Das konnte nicht gut gehen. Nun arbeitete das Team schon seit mehreren Wochen an diesem Projekt und irgendwie drehte man sich im Kreis. Idepaps Vorschlag, einen Projektstart-Workshop zu machen, um den Überblick zu bekommen, war nicht auf fruchtbaren Boden gefallen.

Stattdessen wurstelte man sich weiter durch das Dickicht. Weder die Anforderungen und Funktionen waren inzwischen irgendwo klar beschrieben, noch wurde die gemeinsame Plattform zur Dokumentation genutzt. Ein Projektplan existierte nicht einmal in rudimentärer Form.

"Wenigstens eine Zielbeschreibung für die erste Phase und eine Aufgabenliste brauchen wir", murmelte er vor sich hin.

Idepap hatte den Auftrag erhalten, ein Pflichtenheft für die Sondermaschine zu erstellen. Und er hatte sich "wieder einmal" überreden lassen, den Auftrag trotz fehlender Vorgaben anzunehmen.

"Warum bin ich immer wieder so gutmütig?" fragte er sich und saß ratlos vor der Tastatur. Das Flipchart neben ihm war noch völlig blank. Er hatte schlicht noch keinen Überblick und würde so wohl auch keinen bekommen.

Es war verzwickt.

"Der Aufwand wird ins Unermessliche steigen", war ihm klar. Vertraglich war das kein Problem, er wusste aber, dass es sich für den Kunden nicht rechnen würde.

Also nahm er sein Formblatt für eine Projektskizze und begann Schritt für Schritt das Dokument auszufüllen: Ausgangslage, Risikoeinschätzung, Zielformulierung, Projektstrukturplan, Phasen und Meilensteine.

Er würde das vielleicht nicht bezahlt bekommen, der Aufwand für den Kunden war jedoch in jedem Fall ein geringerer und die Erfolgswahrscheinlichkeit für das Projekt höher.

Pünktlich liefern ist unmöglich

"**D**ie haben doch keine Ahnung!" Idepap regte sich fürchterlich auf. "Projekte! Dass ich nicht lache ...".

Wieder einmal hatte er sich einen Vortrag anhören müssen, dass es eben in der Branche so sei. Pünktlich zu liefern sei schlicht unmöglich und ein Projekt sei eben die Herstellung einer Sondermaschine.

Beide Aspekte brachten Idepap in Rage: "Die haben keinen blassen Schimmer, was mit Projekten alles möglich ist!"

Noch immer energiegeladen setzte er sich vor seinen PC und begann eine E-Mail zu tippen. Er wollte den Herren mindestens drei Ansätze liefern, wie sie Projekte und Projektmanagement nutzen konnten, um dem Preiskampf zu entrinnen. Der tobte nämlich in dieser Branche und drohte, die Wettbewerber allesamt zu ruinieren.

"Dabei ist es so simpel!", grummelte Idepap vor sich hin. Er war sich allerdings bewusst, dass er Dinge sah, die andere so nicht erleben durften. Schließlich hatte er die Gelegenheit, in viele Branchen hineinzusehen.

"1. Projekte sind unproduktiv
so wie sie heute gemacht werden",

notierte er sich auf dem leeren Blatt neben der Tastatur, um seine Gedanken zu strukturieren,

"2. Projekte eignen sich bestens,
wenn man gewohnte Denkstrukturen
verlassen will"

und

"3. Fängt ein Projekt vor der Idee
an und hört mit dem Markterfolg auf."

Leute sprecht miteinander

Er konnte das einfach nicht glauben.

Da wollten die Damen und Herren etwas ganz Neues machen, etwas wirklich noch nie Dagewesenes – und sie strukturierten ihr Projekt nach bereits existierenden Abteilungen.

"Das nenne ich Ballwurftechnik!", ruderte Idepap dagegen an. "Man wirft den Ball zur nächsten Abteilung und wartet bis er zurückkommt. Zwischenzeitlich sind die anderen 'zuständig'."

Er hatte solche Momente schon zu oft erlebt, er war immer ruhig, aber jetzt nicht.

"Wenn Sie etwas Neues schaffen wollen, dann zementieren Sie bitte niemals bestehende Strukturen auch noch in Ihrem Projektstrukturplan! Bauen Sie eine Struktur, die alle Beteiligten zwingt miteinander zu sprechen und aus dem Alltag herausfinden hilft. Effizienz ist in diesem Fall die falsche Zielsetzung."

Die Kunst des Delegierens

"Gut, gut, gut! Ist ja gut." Müllerschön war ganz aufgewühlt. "Ich habs verstanden! So machen wir es. Das klappt, das klappt. Ich bin mir ganz sicher."

So sicher wie er sagte, schien Müllerschön allerdings gar nicht. Er war auch von Idepap soeben zum Flaschenhals erklärt worden. Vor kurzem noch hatte er diese Sorgen nicht gehabt, da hatte er noch nicht die Vertriebsleitung inne. Da waren eigene Aktivitäten gefragt gewesen. Die schienen nun gar nicht mehr verlangt.

Schnell hatte Müllerschön gesehen, dass die Organisation nicht gut war. Nach ersten eigenen Versuchen die Software anzupassen, Checklisten einzuführen und die Prozessbeschreibung zu optimieren, hatte er sich entschieden, externe Hilfe zu nutzen. Auf Idepap war seine Wahl gefallen, hatten ihn doch zwei Freunde unabhängig voneinander empfohlen.

Also war Idepap gekommen, hatte mit ihm gesprochen und Dinge gesagt, die er so gar nicht erwartet hatte. Auf einmal war nicht die Ablauforganisation das Problem, sondern er selbst. Und er musste zugeben, dass Idepap damit richtig lag. Müllerschön musste lernen zu delegieren.

"Delegieren ist nicht einfach", konstatierte Idepap. "Allerdings gibt es ein paar Kleinigkeiten, die mit wenig Aufwand dafür sorgen, dass das Abgeben von Aufgaben besser funktioniert."

Als Grundannahme formulierte Idepap: "Die Denkarbeit muss beim Übernehmenden liegen."

Der andere solle die Arbeit erledigen, je mehr davon, desto besser.

Gutes Projektmanagement ist einfach

"Irgendwie kommt Weihnachten doch immer so plötzlich!"

Idepap musste schmunzeln, denn Emma hatte ein echtes Problem. Es war der Tag vor Weihnachten und irgendwie war der morgendliche Kaffeeplausch nicht so entspannt, wie Idepap es sich vorgestellt hatte. Emma hüpfte regelrecht auf ihrem Stuhl umher, ganz aufgeregt ob der Dinge, die sie noch nicht erledigt hatte.

"Arbeitest Du mit Projektstrukturplänen?" fragte Idepap mit einem mehr als frechen Grinsen.

"Ach, hör mir doch auf mit Deinen Projektmanagement-Methoden. Dafür habe ich keine Zeit!" antwortete Emma. "Ich muss Geschenke kaufen, den Weihnachtsbaum organisieren, fürs Abendessen sorgen – ach, alles zu viel."

Idepap notierte sich 'Geschenke', 'Baum' und 'Abendessen' auf der Serviette.

"Was steht denn noch an?" fragte er beiläufig.

"Naja, da ist noch der Besuch bei den Schwiegereltern und der Schlittenausflug für unseren Kleinen".

Auch 'Besuch Schwiegereltern' und 'Schlittenausflug' wurden notiert.

"Das war es dann. Zum Glück." fügte Emma an.

"Und welche Geschenke brauchst Du noch?" fragte Idepap weiter.

"Für Heinz habe ich noch nichts, für Anna fehlt mir noch etwas und für Jörg habe ich noch überhaupt keine Idee!"

Idepap notierte 'Heinz', 'Anna' und 'Jörg' in der Geschenke-Rubrik.

"Wie sieht es mit der Verpackung aus, hast Du noch genug Geschenkpapier?"

"Oh je, nö, das brauche ich auch noch."

Idepap ergänzte 'Verpackung' in derselben Rubrik.

"Damit haben wir alle Geschenke?" Emma bestätigte, dass mehr nicht nötig waren.

"Wie ist es beim Baum: habt ihr eine Halterung?"

"Nö, die haben wir vergangenes Jahr entsorgt."

Idepap notierte 'Halterung' und 'Tanne' in der Rubrik 'Baum'.

"Schmuck?"

"Ja, den haben wir noch, auch eine Lichterkette."

Nachdenklich betrachtete Emma Idepaps Aufschrieb.

"Eigentlich ganz einfach, oder?" fragte sie mehr sich selbst.

"Ja, das ist wirklich einfach. Gutes Projektmanagement ist einfach", erwiderte Idepap.

"Wenn das vollständig ist, muss ich mir ja nur noch überlegen, wie lange ich für was brauche und in welcher Reihenfolge ich das machen will. Dann sehe ich gleich, ob das noch reicht und ob ich irgendwo straffen muss."

Idepap schwieg.

Emma nahm ihre Kaffeetasse und lehnte sich gemütlich zurück. "So viel ist es ja gar nicht, wenn ich das recht betrachte!"

Arbeitszeit, was ist das?

So hatte Idepap das noch nie betrachtet. Er stand seinem Kollegen gegenüber, der vehement darauf bestand, dass weniger Arbeitszeit der Königsweg sei, um erfolgreich zu sein.

Allerdings hatte dieser Mensch eine andere Definition der 'Arbeitszeit'. Wenn er es aussprach, klang es fast wie ein Schimpfwort.

"Arbeitszeit," überlegte Idepap, „heißt für mich nicht nur, hinter dem Schreibtisch zu sitzen und zu arbeiten, oder körperlich angestrengt eine Tätigkeit zu verrichten.

Wenn ich früh aufhöre 'zu arbeiten' und nach Hause gehe, lasse ich meinen Kopf nicht im Büro.

Ich gehe vielleicht in den Garten und siehe da, viele Fragen erledigen sich von alleine und ich habe nebenbei noch schönes Grün um unser Haus.”

Ideen - will doch keiner hören

Es war Idepap deutlich anzumerken, er war in Rage. "Die ruinieren sich noch, nur weil sie nicht merken, dass sich die Welt geändert hat!", dachte er innerlich und trottete den Rauchern auf dem Weg in die Pause hinterher. Er brauchte dringend frische Luft.

Das Geschäftsmodell war Jahre alt und bewährt, das sah Idepap ebenfalls so. Die Krise im vergangenen Jahr allerdings hatte die Grenzen deutlich gezeigt. Stärker als der Durchschnitt war der Umsatz eingebrochen und weniger stark als bei anderen wieder angestiegen, als vom Ende der Krise die Rede war.

Das Management schob es auf den Markt – und hatte auch Recht damit.

Allerdings glaubte Idepap nicht daran, dass die Zeit die Wunden heilen würde. Aus seiner Sicht – als Externer – war deutlich zu erkennen, dass sich der Bedarf der Kunden gewandelt hatte. Das eigentliche Produkt stand kaum noch im Fokus, das war überall zu fast demselben Preis zu bekommen. Themen wie Verlässlichkeit und Rund-um-die-Uhr-Verfügbarkeit von Wissen waren wichtiger geworden. In neuen Geräten, wie den Smartphones lagen riesige Chancen, die Produkte vor Ort besser zum Einsatz zu bringen.

"Nichts davon merken die alten Herren!", sinnierte Idepap vor sich hin.

Er war als Querdenker zum Workshop geladen worden. "Ideen soll ich liefern! Pah. Die will doch keiner wirklich hören."

Dabei lagen Chancen auf der Hand. Die waren gar nicht mal teuer zu erschließen. Eine einfache Analyse mit der Ansoff-Matrix würde genügen, um mindestens ein Dutzend Möglichkeiten zu entwickeln und als Ausgangsbasis für weitere Recherchen zu nutzen.

"Das müsste doch zu machen sein ...", grübelte Idepap. "Legen Sie bitte all die Dinge in diesem Raum auf diesen Tisch, die es vor zehn Jahren noch nicht gab!", formulierte er in Gedanken seinen Einstieg in die weitere Diskussion.

Gemeinsame Sprache

Idepap überflog die Teilnehmerliste für die anstehenden Seminare und stutzte. Kein einziges Vorstandsmitglied war darauf zu finden und ebenso wenig Teilnehmer der zweiten Führungsebene.

"Wasch mir den Pelz aber mach mich nicht nass", brummelte Idepap vor sich hin. "So wird das nichts."

Gerade der Vorstand hatte Idepap mit der Einführung von Projektmanagement beauftragt. Groß angelegt war die Aktion. Das Projektmanagement-Wissen sollte im ersten Schritt auf eine gemeinsame Grundlage gestellt werden. Deshalb hatte die Leitung entschieden, alle Projektleiter und diejenigen, die häufig in Projekten mitarbeiten, zu schulen. Ein sinnvoller erster Schritt, wie Idepap fand.

So entstand vor allem ein gemeinsames Verständnis. Was durchaus wichtig war, etwa für die Entwicklung eines gemeinsamen Projektmanagement-Prozesses.

Dass ausgerechnet die Vorstände nicht mit von der Partie waren, irritierte ihn. Selbst wenn dort Projektmanagement-Wissen vorhanden wäre, es ging um gemeinsame Sprache und Sichtweisen. Gerade die Brücke zwischen Unternehmensleitung und Projektleitern war eine wichtige.

"Mal sehen, wie wir die noch zur Teilnahme bringen", sinnierte Idepap weiter.

Er wusste um die Wirkung. Gerade wenn die Spitzenkräfte bei den ersten Schulungen an Bord waren, hatte das einen unglaublichen Effekt auf den weiteren Verlauf der Zusammenarbeit.

Es war danach einfach selbstverständlich, dass jedermann sich auf die Schulungsinhalte beziehen und mit den Vorgesetzten darüber diskutieren konnte. Allein so wurde die Projektsteuerung schon besser.

Hinterher ist man immer schlauer

"**W**irklich?" Idepap konnte die Geschichte nicht glauben. Sein alter Schulfreund Klaus hatte seinen Dachstuhl umbauen lassen. Von einer Fachfirma, wie ihm namhafte Referenzgeber glaubhaft versichert hatten. Mit einem schlanken halben Jahr hatte er gerechnet, ergab das acht Monate bis zum Einzug. In Monat 17 war er nun angekommen und sein Büro immer noch in den alten Räumlichkeiten.

Es war wie verhext: es schien fast dem Zufall überlassen, wann welcher Handwerker kam und ging. Der Bauleiter hatte sein Mobiltelefon sicherheitshalber öfter aus- denn angeschaltet. So verstand die Firma am Fuße der schwäbischen Alb also "Sorgenfreies Umbauen – schlüsselfertig". Selbst wenn ein Handwerker kam, war das noch keine Garantie, dass auch etwas geschah. Mal stand der eine ohne Zollstock da, um Aufmaß zu nehmen, mal kam der andere mit Material, das niemand bestellt hatte. Auch ohne Material einen Trupp von acht Mann auf die Baustelle zu schicken, trieb dem Bauleiter kein bisschen Röte ins Gesicht.

"Nie wieder!", konnte Klaus seine Erfahrung zusammenfassen. Ihm war nun mehr als bewusst, warum Idepap als freier Projektleiter im Auftrag seiner Kunden engagiert wurde. "Schließlich arbeitest Du dann für den Auftraggeber und nicht wie

mein Bauleiter für die Baufirma, bei der er ange-
stellt ist", folgerte er. "Eigentlich logisch, wenn
man darüber nachdenkt. Hinterher ist man eben
doch immer schlauer".

Idepap wollte nichts erwidern, hatte er den sys-
temischen Fehler zu Baubeginn ebenfalls nicht
erkannt.

Sprachlos

Es war einer der seltenen Momente, in denen Idepap schlicht nicht mehr wusste, was er sagen sollte.

Sein Gegenüber hatte ihm soeben ausführlichst beschrieben, dass demnächst wohl wieder Entlassungen anstehen würden. Angesichts einer brummenden Wirtschaft ein mehr als deutliches Alarmzeichen. Die Einnahmen brachen weg. Idepap wusste deshalb nicht mehr weiter, weil er vor zwei Jahren schon einmal in diesem Raum gesessen und exakt dasselbe gehört hatte.

„Es ist der Markt. Und die Regierung setzt noch eines obendrauf, die bauen die Subventionen ab!" Als hätte man das vor zwei Jahren noch nicht gewusst. Aber Weihnachten kam ja auch immer so plötzlich.

"Wissen Sie: was soll ich Ihnen denn nun sagen?", fragte Idepap. "Vor zwei Jahren hatten wir darüber gesprochen neue Einnahmequellen zu erschließen, mindestens ein weiteres Standbein zu schaffen. Kaum hat die Wirtschaft wieder Fahrt aufgenommen, haben Sie das Projekt 'Neugeschäft' abgeblasen. Wider aller Ratschläge."

Der Geschäftsführer, der Idepap gegenüber saß, wollte etwas erwidern. Idepap allerdings war noch nicht fertig: "Gleichzeitig haben Sie an Ihrem bisherigen Geschäftsmodell kein bisschen verändert. Ihre Wettbewerber haben aufgeholt. Ihr Produkt hat kein so großes Alleinstellungsmerkmal mehr. Bei gestrichenen Subventionen sind die Margen gesunken, Ihre Maschinen müssen mehr Produktivität liefern, um attraktiv zu sein. Wenn Sie so weiter machen, dann stehen Sie bald vor einer sehr großen Wand!"

Schweigen.

Urlaub

"Skiurlaub?" Idepap hatte sich nicht verhört. Seine Frau hatte mehr als deutlich gesagt, was sie soeben gebucht hatte. Zwei Wochen Österreich.

Idepap stand der kalte Schweiß auf der Stirn. Insgeheim hatte er sich auf ruhige Tage 'zwischen den Jahren' gefreut. Seine heimliche Aufgabenliste war nach und nach auf ein beträchtliches Maß gewachsen, darunter auch die ein oder andere Aufgabe, deren Erledigung er Kunden zugesagt hatte. "Verflixt und zugenäht", dachte er bei sich, "wie soll das gehen?"

Idepap war mehr als klar, dass er Abstand davon nehmen konnte, im Urlaub Arbeit zu erledigen. Seine eigenen Maßstäbe würde er damit nicht erfüllen. Konzeptionelle Arbeit mit Papier und Stift für die eigene Firma, das war noch in Ordnung, oder irgendein Fachbuch. Mehr aber auch nicht.

Er wusste, würde er auch nur einen Moment in seine E-Mails schauen, es wäre aus und vorbei mit der Erholung. Allein ein erster Blick genügte, um die Aufmerksamkeit auf all die Dinge zu lenken, die das ganze Jahr im Vordergrund standen. Dass ihm die Erholung gut tun würde, vielmehr dringend nötig war, das war ihm durchaus bewusst. Es war das anspruchsvollste Jahr seines Unternehmerdaseins gewesen.

"Also wohl mal wieder einen Plan schmieden", sinnierte er vor sich hin und schmunzelte.

Irgendwie waren diese Pläne Idepaps Allheilmittel geworden. Wobei er sich sehr im Klaren darüber war, dass er Planung anders verstand als andere.
Es ging darum, Dinge zu verstehen, zu durchdringen, nicht darum, Ereignisse präzise vorherzusehen.

Flugs brachte er auf Papier, was er alles zugesagt hatte, welche frei verfügbare Zeit ihm bis zum Urlaub blieb und welches Minimalziel er bis dorthin erreicht haben musste, um beruhigt abfahren zu können. Dann ging er die Projektliste durch und notierte fein säuberlich, welche Aufgabe jeweils noch vor dem Urlaub zu erledigen war.

"Gar nicht so viel", dachte er bei sich. "Schön."

Und er war sich sicher, dass er das schaffen würde, wenn er keine neuen Sachen mehr dazu nehmen würde. "Nun muss ich nur noch sicherstellen, dass ich den ersten Tag nach dem Urlaub keine Termine habe."

Dann klappte er seine Kladde zu und begann den Rechner herunterzufahren.

Auf den Punkt gebracht

So etwas war Idepap noch nie passiert. Er selbst war immer noch bass erstaunt über Meierdenns Ausbruch.

Angefangen hatte alles mit der lapidaren Aussage, der Chef habe das so gewollt. "Was soll ich denn machen?" "Nachfragen! Sie sollten ein einziges Mal nachfragen!"

Maierdenns Boss schüttelte vehement den Kopf und blickte auf seine nagelneuen, schwarzen, auf Hochglanz polierten Halbschuhe.
"Muss man denn alles selber machen?", murmelte er frustriert vor sich hin. Maierdenn selbst wusste weder ein noch aus. Er starrte nur auf die Halbglatze seines Vorgesetzten – ohne auch nur eines Wortes fähig zu sein.

Das dauerte gefühlte 30 Sekunden. Dann platzte er förmlich.

Mit hochrotem Kopf, die Adern am Hals traten schon deutlich sichtbar hervor, sprudelte es nur so aus ihm heraus. "Immer noch mehr Projekte und noch mehr Projekte. Und dann noch eins. Informationen bekommen wir keine. Für Rückfragen hat keiner Zeit. Entscheidungen werden verzögert, aber pünktlich liefern sollen wir. Die Hosen habt ihr voll! Aber wenn wir nicht erahnen, was ihr da

oben in der Krawattenetage wollt, dann gibt es
Feuer unter dem Hintern. Mir reicht es. Mir reicht
es wirklich. Ich wurde als Produktmanager einge-
stellt, ohne Gehaltsausgleich und ohne gefragt zu
werden zum Multi-Projekt-Manager befördert und
soll nun ausbaden, was bei euch da oben schief
läuft! Ich bin nicht der Zauberer Merlin und auch
kein Hellseher. Es ist genug. Und ich bin nicht der
einzige, der schon lange darüber nachdenkt, zu
kündigen. Ganz egal, ob ich einen neuen Job habe.
Hier bin ich eh nur der Fußabtreter!"

Die Worte hingen immer noch im Raum. Aus
den umliegenden Büros war kein Geräusch mehr
zu hören. Lediglich der Kopierer im Zimmer drei
Türen weiter spuckte weiterhin fleißig Stück um
Stück Gedrucktes aus.

Erst jetzt registrierte Idepap, wie laut die
Wanduhr im Besprechungszimmer tickte. Maierdenns Boss blickte weiter auf die Spitzen seiner
neuen Schuhe. Lediglich sein Blick wirkte etwas
verlegen. Idepap hatte den Eindruck von außen
sehen zu können, wie Gedanken und Worte zu-
sammengesetzt und wieder verworfen wurden.
Maierdenn hatte es, wenn auch wenig diplomatisch, auf den Punkt gebracht.

Innehalten, sich sortieren

Idepap wusste nicht mehr, wo ihm der Kopf stand.

"So etwas habe ich noch nie erlebt!" brummte er vor sich hin. Er saß in seinem Büro und starrte mit hohlem Blick auf die weiße Wand. Die Füße zappelten dabei nervös unter dem Tisch.

Vor Idepap lag ein Blatt Papier, das allerlei Kommentare, Pfeile und Wolken enthielt. Idepap hatte sich daran gemacht, den Projektdschungel zu lichten. Irgendwie war ihm in letzter Zeit die Übersicht über die vielen Projekte und Anfragen abhanden gekommen. Zugeben würde er das nie, aber "ich muss es mir wohl selbst eingestehen", überlegte er.

Sein Allheilmittel entpuppte sich auch diesmal als geeignetes Werkzeug: jedes Mal, wenn es Idepap an Übersicht mangelte, nahm er einen Bleistift – der war wichtig – und ein leeres Blatt Papier. Er begann mit dem Projekt, das ihm gerade in den Sinn kam und listete nach und nach all die Dinge auf, die ihm einfielen. Zusammenhänge markierte er ebenso, wie er versuchte, den jeweils nächsten, groben Schritt sowie das nächste Zwischenziel zum Projekt zu vermerken. Das waren schließlich die Dinge, die nun in seinen Kalender mussten.

Erst nachdem die gedankliche Runde zu Ende war, zog er seine Multi-Projekt-Liste hervor. Darin waren fein säuberlich alle laufenden Projekte notiert, samt deren Rang und Verantwortlichkeit. Eine zweite Übersicht zeigte, wie das Projekt-Portfolio sich zusammensetzte, welche Projekte noch als Idee anstanden und welche sich bereits in der Nachbereitung befanden. Meist hatte er in Gedanken doch das ein oder andere Vorhaben vergessen. Die wurden nun auf seinem Blatt ergänzt.

Im dritten Schritt machte sich Idepap daran, die einzelnen Projektpläne zu sichten. Diese halfen ihm zu überprüfen, ob er die richtigen nächsten Schritte und Ziele erfasst hatte. Gleichzeitig prüfte er – quasi nebenbei – welchen Stand welches Projekt hatte. Die anstehenden Aufgaben kamen in seine neue App, mit der er nun wirklich gute Erfahrungen gemacht hatte. Seine Eingangsliste wuchs zwar beträchtlich.

"Aber jetzt kann ich wieder ruhig schlafen", merkte er mehr für sich an, als er zufrieden sein Tablet betrachtete.

Schulungen

Idepap hatte Herrn Ruckdäschel in der Leitung. Ruckdäschel war Leiter der Personalentwicklung bei der Maschba AG an der Schweizer Grenze.

"Wir brauchen dringend einen MS-Project Kurs! Wir müssen unser Projektmanagement verbessern."

Deshalb hatte er bei Idepap angerufen, um ihn für eine Serie solcher Trainings zu engagieren.

"Das bringt Ihnen gar nichts", antwortete Idepap ruhig.

"Was wollen Sie mir damit sagen? Ich habe Anfragen für mindestens acht Seminare noch in diesem Jahr", beharrte Ruckdäschel.

Idepap blieb dabei: "Sie können genauso gut Ihr Geld zum Fenster hinaus werfen. Es wird sich dadurch nichts verbessern."

Idepap wusste aus eigener Erfahrung, wie das lief. Einmal hatte er sich dazu überreden lassen, eine Software-Schulung zu machen. Da Projektmanagement jedoch eine Methode war, waren diese Seminare ein Schuss in den Ofen geworden. Die Teilnehmer hatten hinterher gewusst, welche Schaltfläche welches Ergebnis brachte. Sie waren jedoch nicht in der Lage gewesen, einen ordentlichen Projektplan auf die Beine zu stellen. Seither weigerte Idepap sich, reine Software-Trainings anzubieten.

"Wenn Sie wirklich etwas verändern wollen, dann organisieren Sie kompakte Basistrainings. Setzen Sie auf gemischte Gruppen aus erfahrenen und weniger erfahrenen Kollegen. Mischen Sie auch Abteilungen. Dann entsteht dadurch ein gemeinsames Verständnis für das, was bei Ihnen 'Projektmanagement' sein soll."

"Hm", hörte Idepap sein Gegenüber sagen.

"Zusätzlich sorgen Sie dafür, dass jeder Teilnehmer ein Projekt hat. Das starten wir anschließend gemeinsam. Zwei oder drei Coaching-Einheiten sorgen dafür, dass es methodisch klappt und die Projektleiter die Software in ihrem Projekt anwenden können."

Wieder ein "Hmm."

"Aber was das kostet!"

Idepap musste schmunzeln. Das Trainerhonorar war immer der offensichtliche Kostenblock.

"Setzen Sie einfach mal ein zweitägiges Software-Training gegen zwei, drei Coaching-Einheiten zu je zwei Stunden und rechnen Sie den internen Aufwand, die Zeit der Teilnehmer dagegen.

Da ist der Effekt, dass gleichzeitig das Projekt voran kommt und der Projektleiter direkt in die Anwendung kommt noch gar nicht dazu gerechnet."

Wieder ein "Hmmm."

Pause

Die liebe Zeit. Wo war sie hin? Idepap wusste nur zu gut um gute Techniken, sich zu organisieren. Und trotzdem gab es Tage wie diesen.

Frustriert musste er zugeben, dass sich an seiner Aufgabenliste nichts verändert hatte. Das Problem daran: der Tag war vorbei. Die große Bahnhofsuhr an der Wand stand auf zehn nach neun.

"So hatte ich mir das heute nicht vorgestellt!", brummelte er vor sich hin. Mit starrem Blick schaute er aus dem großen Fenster, direkt in Richtung Schwarzwald. Sehen konnte er nicht wirklich was, denn draußen war es dunkel, und obwohl er das Licht gelöscht hatte, konnte er nur Schemen erkennen. "Manche Dinge muss man akzeptieren."

Doch Idepap schmunzelte auch ein wenig, denn er wusste, dass es am nächsten Tag besser werden würde. Es war sein "geschlossener Tag".

An solchen Tagen schloss er sich förmlich weg, um konzentriert an seinen Themen zu arbeiten. Das Mobiltelefon wurde dann ausgeschaltet, das Telefon im Büro weitergeleitet. Twitter und Facebook wurden nicht bedient und Mails nicht gelesen.

"Da freue ich mich drauf!", zog er Bilanz, zog seine Schuhe wieder an und schlüpfte in den Mantel. Ein kleiner Spaziergang würde ihm gut tun, nach einem solchen 'offenen Tag'. Da war er sich sicher.

Glaubenssätze

"Ich kann mich nicht entspannen! Entspannen! Wann habe ich das letzte Mal entspannt!"

Schapbach brüllte lauthals. Sein Gesicht war knallrot und Idepap hatte Sorge, sein Gegenüber würde gleich umkippen. Er hatte den Geschäftsführer noch nie so erlebt.

"Wie bitte soll ich da entspannen? Das bringt mich noch um", ergänzte der groß gewachsene Unternehmer.

Idepap wartete. Aber es kam keine Ergänzung mehr.

Schapbach setzte sich auf den schweren Ledersessel in seinem Büro, der direkt unter dem in Öl gemalten Portrait des Firmengründers Ernst Schapbach Senior stand. Seit weit mehr als 100 Jahren gab es das Familienunternehmen nun schon.

"Ich frage mich, welche Messlatte Sie selbst an sich legen?", begann Idepap laut zu denken.

Schapbach blickte ihn mit hochgezogenen Augenbrauen an. "Stress ist oft eine Frage dieser Messlatte, die wir selbst an uns legen. Jemand dem alles sch…egal ist – bitte verzeihen Sie mir meine Ausdrucksweise – hat keinen Stress."

Schapbachs Blick wurde nachdenklich.

"Bei dieser Messlatte spielen oft unbewusste Glaubenssätze eine Rolle.

'Man antwortet auf alle Mails', könnte ein solcher sein."

Idepap versuchte einzuschätzen, ob er weiterreden sollte. "Was halten Sie davon, wenn wir versuchen, all diese verborgenen Spielregeln sichtbar zu machen?"

Er wusste, dass allein dieser Schritt schon reinigend genug war, um große Erleichterung und Entspannung zu bringen.

Rollenklärung

"Tut mir leid. Da kann ich nichts dran ändern. Das hat Herr Remben entschieden."

Wie ein begossener Pudel stand Projektleiter Emken vor dem Lenkungsgremium. Der Endtermin war gefährdet. Das ließ sich nun nicht mehr wegdiskutieren. Aber was hatten die Trottel aus der KTI auch entschieden, die Software in einer anderen Reihenfolge zu erstellen? Dafür konnte er nun wirklich nichts.

"Wenn Sie wollen, dass so etwas nicht geschieht, dann müssen Sie mir die Leute unterstellen!" ergänzte er deshalb noch, um deutlich zu machen, wie machtlos er war.

Dumm nur, dass das Lenkungsgremium eine ganz andere Meinung hatte. "Sie haben uns die ganze Zeit angelogen!" Der Vorstandsvorsitzende war außer sich. "Wieso leuchtet das alles grün, wenn es nicht grün ist?"

An allen Ecken begannen Diskussionen, ob das Projekt noch zu retten war. "Ich hätte von Ihnen erwartet, dass Sie das Problem lösen!" Emken wusste gar nicht, was der Ausschuss wollte.

"Moment mal, ich hatte Ihnen bereits vor zwei Sitzungen gezeigt, wo das Problem liegt! Das lasse ich jetzt nicht auf mir sitzen. Das ist doch Ihre Verantwortung, der KTI ganz klar zu sagen, wie sie arbeiten muss!"

Idepap waren das zu viele Ausrufezeichen in der Kommunikation. Er war gerufen worden, um zu retten, was zu retten war.

"Wie haben Sie die Rollen von Projektleiter und Lenkungskreis zu Projektbeginn denn definiert? Wer hat welche Verantwortung und welche Kompetenzen?"

Schweigen.

Stellvertreter

Es war irgendwie schon ein Hilfeschrei. Idepap hatte Walter Trummel am Telefon, der mitten in den Urlaubsvorbereitungen steckte.

"Die rufen mich eh die ganze Zeit an! Dieses blöde Smartphone, dieses blöde!", ereiferte dieser sich ob der zu erwartenden Urlaubsunterbrechungen.

"Wieso lassen Sie das Gerät nicht zuhause?", fragte Idepap und wurde gleich ob seiner Naivität aufgeklärt.

"Was glauben Sie, was mein Chef dann mit mir machen wird? In meiner Position können wir uns nicht mehr erlauben, dass etwas zwei Wochen liegen bleibt. Ich habe immerhin 200 Leute unter mir und die drei strategisch wichtigsten Projekte sind in meinem Bereich angesiedelt. Der Markt macht so viel Druck, wissen Sie? "

Idepap wusste nicht.

"Wer ist denn Ihr Stellvertreter?", legte er nach.

"Stellvertreter? Den hat mir keiner gegeben."

"Ich sprach nicht von 'gegeben', ich dachte eher an 'aufgebaut'. Wen haben Sie sich als Stellvertreter aufgebaut?", hakte Idepap nach.

Trummel hatte darauf keine Antwort.

Auf der Suche

Idepaps Blick schwankte zwischen Ärger und Erstaunen. "Was heute alles mit Projektmanagement betitelt wird!", sinnierte er vor sich hin.

Er war dabei eine geeignete Projektmanagement-Software für einen Klienten zu finden. Was er sah, machte ihn nur wenig zufrieden.

"Wieder Schrott", kommentierte er – nur für sich selbst – den Klick auf die Abmelden-Schaltfläche. "Haben die denn keine Ahnung von Projektmanagement?"

Dieser Anbieter hatte es nicht einmal geschafft, eine vernünftige Aufgabenverwaltung zu erstellen. Irgend eine Mischung aus Facebook, Twitter-Kurznachrichten, Dokumentenmanagement und Aufgabenliste war so entstanden und wurde im Netz "gratis" angeboten. Zumindest in der Basisversion.

"Mehr darf so etwas auch nicht kosten!" Dabei standen auf deren Referenzliste bekannte Namen. Nicht die ganz bekannten Firmen, aber immerhin einige, die Idepap ein Begriff waren.

"Würden die mal ihre Prozesskosten für Einführung, Schulung und Nutzung betrachten, die würden sich wundern."

Mit schwungvoller Stiftführung strich er diesen Anbieter aus seiner Liste.

„Null Punkte."

Plan und Realität

"Wie soll ich damit jetzt umgehen?"

Idepap wollte seinen Zuhörer und Fragensteller nicht vor den Kopf stoßen. Allerdings fiel ihm just in diesem Moment dieser Spruch aus der schwäbischen Radio-Comedy ein:
"Grad' mach i's Maul zu ..."[2]

Idepap hatte in seinem Vortrag gerade erst erläutert, wie die Abweichung der Realität gegenüber der Planung genutzt wird, um ein Projekt trotzdem pünktlich abzuliefern.

"Das Ziel eines Plans ist nicht, den Plan einzuhalten. Ein Plan ist ein Hilfsmittel, um Projektziele zu erreichen", wiederholte er eine seiner Aussagen.

"Gerade aus dem Unterschied zwischen Plan und Realität kann ich Schlüsse ziehen. Mal angenommen, ich habe für eine Tätigkeit eine Dauer von zehn Tagen geschätzt. Darauf folgt eine weitere Tätigkeit mit sieben Tagen. Dauert nun die erste Tätigkeit zwölf Tage, ist es nur logisch, dass ich bei einer folgenden Tätigkeit zwei Tage einsparen muss, wenn ich pünktlich liefern will. Aus dem Plan erkenne ich alle Folgetätigkeiten und kann mir

---

[2] Für Nicht-Schwaben, sinngemäß: "Gerade eben habe ich meinen Satz beendet."

nun überlegen, wo ich mit welcher Maßnahme ansetzen kann, um den Verzug zu kompensieren."

"Ich kann Termine nicht verschieben!" fiel der Fragesteller Idepap ins Wort.

"Tut mir leid", antwortete Idepap, "wenn Sie für eine Aufgabe länger gebraucht haben, als angenommen, hat sich Ihr Termin bereits verschoben. Ob Sie wollen oder nicht. Es bleibt nur noch die Frage, was Sie tun können, um den Endtermin trotzdem zu halten."

Fertig machen *

*Nur abgeschlossene Projekte bringen Nutzen.

Scrum

Man sah Idepap von weitem an, dass er gleich platzen würde.

"Da sitzt wieder einer dieser Menschen, die immer alles richtig wissen", bruddelte er vor sich hin.

Der Herr, dessen Name er bereits wieder vergessen hatte, hielt gerade ein feuriges Plädoyer, warum die Projektmanagement-Methode Scrum die einzig heilbringende sei und warum alle, die das nicht verstehen, einfach dumm wären.

Idepaps Nacken war bereits so verspannt, dass ein Masseur massive Probleme haben würde, die Muskeln auch nur ein Jota zu bewegen.

Es dauerte noch rund 30 Sekunden bis Idepap nicht mehr an sich halten konnte. "Wie genau verstehen Sie denn den Begriff 'Projekt'?", versuchte er diplomatisch einzuhaken. Irritiert blickte der Vortragende zu Idepap und dann in die Gesichter der anderen. "Wie meinen Sie das?"

"Ich höre Ihnen jetzt eine ganze Weile zu. Sie sprechen einmal von Projekt, dann von einem Softwareentwicklungsprozess als einer Art Routine. Da Sie Scrum als Projektmanagement-Methode betrachten, würde ich gerne wissen, wo Sie die Grenze ziehen?"

"Das ist eine spannende Frage!", hörte Idepap Herrn Klärgens aus der anderen Ecke des Raums sagen. "Damit beschäftigen wir uns schon eine ganze Weile. In der Softwareentwicklung hangeln wir uns von Release zu Release, um eine immer bessere Version derselben Software auszuliefern. Da funktioniert Scrum wunderbar. Schwierigkeiten haben wir dort, wo wir eine neue Software liefern müssen und drumherum ein Haus gebaut wird. Wie sehen Sie das? Das würde mich interessieren."

Den Stift in die Hand nehmen

Idepap zog genüsslich an seiner Zigarette. Zumindest gedanklich, denn mit dem Rauchen hatte er vor vielen Jahren bereits aufgehört. Aber der Zigarettenrauch seines Gegenübers machte ihm irgendwie Lust. Die herrliche Abendsonne, der Kaffee vor ihm, die ganze Stimmung würde dazu passen.

"Ich kann da nichts machen!", hörte er Herrn Felldorfer noch sagen und kehrte damit gedanklich zurück zum Gespräch.

"Nichts machen, wie oft ich das höre", dachte Idepap bei sich.

"Immer kann nie jemand etwas dafür. Dabei steckt hinter 'müssen' oft einfach nur das Nicht-Inkaufnehmenwollen der Konsequenzen."

Idepap empfand diese Haltung als anstrengend. Da standen hochkarätige Männer beieinander, die so einige Mitarbeiter zu führen hatten, und erklärten, dass sie gar nichts machen können, es sei doch wiederum ihr eigener Chef der über sie bestimme.

"Und wer entscheidet am Ende darüber, ob Sie den Stift in die Hand nehmen und etwas aufschreiben oder in die Tasten hauen?", hörte Idepap sich selbst fragen.

"Na ich!", lautete Felldorfers Antwort.

"Also nicht Ihr Chef?", bohrte Idepap nach.

"Ähm, nein", formulierte Felldorfer schon zögerlicher, vermutlich bereits ahnend, worauf das hinauslaufen würde.

Projektrettung

"Wen soll ich retten?" Idepap meinte sich verhört zu haben. "Den Berliner Flughafen?"

Die Bestätigung am Ende der Leitung klang unsicher.

"Aber nicht alleine. Wir versuchen gerade ein Team aus Praktikern zusammenzustellen, die das Vorhaben übernehmen."

"Was verstehen Sie unter 'Praktikern'?", hakte Idepap nach.

"Wir suchen Menschen, die sich mit der Koordination von Projekten auskennen, die die Methodik beherrschen."

Das klang für Idepap sehr sinnvoll. Zum ersten Mal dachte er, dass aus dem Projekt doch noch etwas werden könnte.

Nichts tun

Der einzige Weg, einmal nichts zu tun, war nichts zu tun.

Das war Idepap in den vergangenen Wochen schmerzlich bewusst geworden. Er lag in einem seiner neuen Liegestühle in der Sonne und genoss es förmlich im Hintergrund das Telefon klingeln zu hören.

"Tut mir leid, heute tu ich nichts!", sinnierte er vor sich hin.

Sein Smartphone hatte er erst gar nicht eingeschaltet und weit weg gelegt. Den Rechner ließ er ebenfalls gleich aus. Lediglich die Kaffeemaschine war heute in Betrieb. Die Gedanken kamen und gingen. Es war "total entspannend", fand er.

Und es war der produktivste Tag der vergangenen Monate.

Die ideale Woche

"Und wie hätten Sie die Woche gerne? Wie sieht Ihre ideale Woche aus?"

Emden starrte Idepap verständnislos an: "Wie meinen Sie das?"

Idepap wartete zwei, drei Sekunden bevor er antwortete.

"Naja, wenn Sie mir erzählen, dass alle Wochen ablaufen, wie sie nicht ablaufen sollen, dann müssen Sie mir doch auch sagen können, wie sie ablaufen sollen. Oder liege ich da falsch?"

Jetzt war es an Emden zu schweigen. Bestimmt eine halbe Minute verging, bevor er vorsichtig zustimmte. "Vermutlich haben Sie nicht ganz Unrecht." Idepap blieb stumm.

"Allerdings habe ich keine Ahnung, wie ich meine Woche gerne hätte. Geht das überhaupt, eine Woche zu standardisieren, in meinem Job?" Immerhin war Emden jetzt auf dem besten Weg, den Vorstandsvorsitz zu übernehmen.

"Es geht nicht darum, jedes Detail festzulegen. Es geht vielmehr darum, den Rahmen zu definieren. Ich zum Beispiel will montags meinen Bürotag haben, mit ausreichend Zeit für Gespräche im

Team. Dienstag, Mittwoch und Donnerstag stehen dann für Reisen und Außeneinsätze zur Verfügung. Freitag will ich wieder im Büro sein, um die sich daraus ergebenden Aufgaben zu erledigen und mich für die kommende Woche zu sortieren."

Wieder wartete Idepap ein, zwei Sekunden.

"Das halte ich nicht immer durch, aber es ist mir und meinem Team eine Leitlinie, eine Orientierung, die uns das Leben leichter macht."

Eine zögerliche Unterschrift

Rolfes war in Rage: "Diese verdammte Planung. Kostet nur Zeit. Bringt nichts. Pläne stimmen eh nie!"

Mit Händen und Füßen stemmte sich Rolfes gegen die Projektplanung. Sein Kopf war hochrot. Hätte man die Gedanken der Umstehenden lesen können, wäre mindestens einmal das Wort "Herzinfarkt" zu sehen gewesen. Idepap saß in der Ecke und beobachtete. Keiner hob die Stimme, keiner leistete Widerspruch.

'Wer von Ihnen traut sich, alle Tätigkeiten des vorliegenden Projekts auswendig in der richtigen Reihenfolge aufzulisten?'

Idepap war der Schalk in den Augen abzulesen, als er diese Frage wortlos auf das Flipchart schrieb. Darunter ein Feld, das zur Unterschrift aufforderte. Er hielt den Stift auffordernd in die Runde, blickte jeden einzelnen Teilnehmer an.

Selbst Rolfes war nicht bereit zu unterschreiben.

"Projektpläne sind nicht dazu da, dass sie eingehalten werden. Projektpläne sind in erster Linie schlicht eine Visualisierung unserer Gedanken. Damit können wir darüber reden und uns ein gemeinsames Bild verschaffen. Wir können darüber auch komplexere Zusammenhänge aufarbeiten, eben wenn wir die Dinge im Kopf nicht mehr sortiert bekommen."

An den Blicken merkte Idepap, dass er Zuhörer hatte.

"Es geht nicht darum, diese Pläne einzuhalten. Wenn ein Plan umgesetzt wird, wird die Realität in vielen Punkten von unseren Annahmen abweichen. Aus dieser Abweichung, aus diesem Delta können wir leichter Schlüsse ziehen, wie wir unser weiteres Vorgehen anpassen müssen, um die Ziele doch noch zu erreichen. Mehr ist zu Plänen nicht zu sagen."

Das Schweigen wirkte auf Idepap nachdenklich. Idepap war gespannt, was Rolfes nun sagen würde.

Zugfahrt am Jahresende

Idepap sah die Bäume vorbeifliegen und war völlig in Gedanken. Ein regnerischer Tag. Der Zug hatte an dieser Stelle richtig Geschwindigkeit.

Er freute sich schon auf zuhause. Es war die letzte Geschäftsreise des Jahres.

„Worauf habe ich die freien Tage denn Lust?", fragte Idepap sich selbst.

„Und worauf nicht?"

Projektflut

237 Projekte standen am Ende auf der Liste. Dafür zeichneten 39 Projektleiter und deren Projektteams verantwortlich.

Idepap musste schmunzeln, als er Wedemanns Gesichtszüge sah. Eine bestimmt fünf Millimeter tiefe Furche schien sich geradezu quer über die gesamte Stirn zu ziehen. Die rechte Hand war derweil beschäftigt, den Kopf an der Stelle zu kratzen, an der die zu einem Knoten frisierten Haare in den glatteren Teil der Frisur übergingen.

„Ist zwar keine gute Nachricht," setzte sie an, machte eine Pause von bestimmt 15 Sekunden, setzte wieder an.

„Keine gute Nachricht. Aber heilsam. Einfach mal alle Projekte aufschreiben, an denen die Menschen arbeiten."

Den Projektleiter entlassen

"Jetzt zeigen Sie mal her!" Mit festem Griff zog Schapbach die Mappe des Projektleiters zu sich und begann mit ernster Miene darin zu blättern.

Eine Reihe von „Hmm." und „Aha." war zu vernehmen, während Projektleiter Müllerschön gemütlich aus dem Fenster schaute. Draußen blühten bereits die meisten Pflanzen und es war herrlich anzusehen.

„Hmm, okay. Dann machen wir das folgendermaßen…", setzte Schapbach gerade an, als ein lautes „Stopp!" zu vernehmen war.

Idepap hatte die gesamte Szene beobachtet. Vielleicht war sein Stopp-Ausruf etwas zu laut geraten. Aber jetzt genau war dieser eine wichtige Moment, auf den er schon eine Weile gewartet hatte. Schapbach beklagte sich, seine Projektleiter würden keine Verantwortung annehmen. Noch ratterte es in Idepaps Kopf auf der Suche nach der passenden Frage.

„Mir drängt sich gerade der Eindruck auf, dass Sie den Projektleiter entlassen wollen. Inwiefern liege ich damit richtig?", startete Idepap.

Schapbachs Augen wurden groß. Müllerschön war hellwach, das Fenster interessierte ihn

nicht mehr und auch nicht die blühende Land-
schaft.

„Wie kommen Sie darauf?", entgegnete
Schapbach.

„Sie machen gerade seinen Job", kam es kurz
und knapp von Idepap.

Diesmal klang das „Hmm." von Schapbach anders.

Da ist Musik im Projekt

"Nur acht Punkte?" Emden war ungläubig. „So einfach kann das doch nicht sein!"

Er hatte die vergangenen Monate so große Schwierigkeiten gehabt, seine Projektleiter zu führen. Immer mehr Projekte waren in Richtungen gelaufen, die nicht in seinem Sinne waren. Immer mehr hatte er eingreifen müssen. Sein Sekretariat stöhnte schon, angesichts der vielen zugunsten verschiedenster Projekte verlegten und verschobenen Termine.

„Der Anfang macht die Musik", antwortete Idepap. „Die meisten Auftraggeber wollen zu schnell inhaltliche Ergebnisse von ihren Teams. Damit kommen Zielklärung und Organisation – und das Entstehen von Vertrauen in die Zusammenarbeit – zu kurz."

„Und was kann ich nun konkret tun?" Emden hatte es gerne als Checkliste.

„Zu Beginn hat sich bewährt, nicht nur den Auftrag zu übergeben, sondern auch gleich eine Rücksprache anzubieten, um Fragen des Projektleiters zu klären.
Dann braucht das Projekt einen Rang, damit die Priorität etwa beim Einbinden von Kollegen eindeutig ist.

Den Projektleiter würde ich auffordern, mit einem vorläufigen Team einen Projektstart-Workshop zu machen und ich würde daran teilnehmen. Wenigstens ein, zwei Stunden."

„Klingt bisher nicht allzu kompliziert", kommentierte Emden. Idepap nickte beiläufig.

„Das Ergebnis soll der Projektleiter in einer Projektskizze festhalten, die Sie nach einem Gespräch darüber gemeinsam freigeben. Daraus wird der Projektplan, der ebenfalls nach einem Gespräch darüber freigegeben wird.
Damit haben Sie und der Projektleiter eine gute Basis und Sie wissen sehr gut, wie Sie den Projektleiter einschätzen müssen."

Emden notierte eifrig mit.

„Nun würde ich an Ihrer Stelle noch die Regelkommunikation zwischen Ihnen und dem Projektleiter sicherstellen, um auf dem Laufenden zu bleiben und Entscheidungen herbeiführen zu können.
Womit nur noch bleibt, das Ergebnis abzunehmen und zu den ‚Lessons Learned' aus Management-Sicht beizutragen."

In Gedanken

Idepaps Blick war starr über den See gerichtet.

Emden nippte an seinem Cappuccino. Er kannte diesen Blick seines Gegenübers. Und er wusste, dass er bald eine wohl durchdachte Meinung zu seiner Frage hören würde. Vermutlich nichts Abschließendes, denn Idepap überließ das Fazit fast immer seinen Gesprächspartnern.

Emden schätzte das an ihm.[3]

---

[3] Die Herren Idepap und Emden im Austausch über Komplexität. Eine Geschichte in (bisher) zwei Teilen im Projektmensch-Blog:

http://www.projektmensch.com/go2/idepap-komplexitaet

Ein Schwank aus der Vergangenheit

"Wir wurden ausgelacht!"

Idepap erinnerte sich gerne an diese Geschichte zurück.

„Es war um die Jahrtausendwende", hob er an, „wir hatten den Auftrag ein wirklich außergewöhnlich großes Event mit zu organisieren und die Verantwortung für zwei größere Teilprojekte. Gemeinsam mit meinem Praktikanten saß ich in einem kleinen Büro mit einem großen und einem kleinen Schreibtisch. Und wir begannen Listen zu schreiben." Sein Gegenüber nickte und nahm einen Schluck Tee.

„Nach und nach tapezierten wir den kleinen Raum förmlich mit Aufgabenlisten, sauber strukturiert nach verschiedenen Themengebieten, während die Kollegen der anderen Teilprojekte bereits mit gemieteten Lkw Material von A nach B fuhren.

Die Kollegen lachten über uns, heimlich und öffentlich.

Der Gesamtprojektleiter, ein Hüne von Mann, stand immer wieder mit sorgenvoller Miene bei uns und wollte uns dazu bringen, ebenfalls Material von A nach B zu fahren. Er hatte zum Glück zu wenig Zeit, um öfter bei uns reinzuschauen. Seine

Mannen erforderten seine volle Aufmerksamkeit."

Draußen hörte man jemanden laut trampelnd vorbeirennen.

„Wir teilten die Listen in Stapel auf und verteilten die Arbeit. Jeden Morgen trafen wir uns mit einem dritten Kollegen zu einer kurzen Abstimmung bei einer Tasse Kaffee. Nach und nach kamen immer mehr Häkchen dazu. Die Kollegen der anderen Teilprojekte blieben weiter skeptisch."

Das Trampeln kam zurück.

„Und dann kam der Tag der Wahrheit. Drei Tage hatten wir vor Ort mit über 70 Mitarbeitern alle Fäden zusammenlaufen lassen. In Fünf-Minuten-Sequenzen hatten wir diese Tage durchgetaktet und jede Sequenz hatte Verantwortliche und Werkzeuge benannt. Sonst hätten wir gar nicht alle auftretenden Fragen beantworten können.

Das Abnahmeteam stand also vor uns und hatte alles inspiziert. Wir waren als letzte an der Reihe. Den Satz, der dann von unserem Hünen kam, werde ich mein Leben nicht vergessen. ‚Jungs, ich habe Euch unrecht getan. Ihr habt nicht eine Kleinigkeit vergessen. Als einzige aus der ganzen Mannschaft.'

Und was wir in diesem Moment auch wussten: wir hatten gleichzeitig die wenigsten Überstunden zu verbuchen."

Nachwort des Autors

Herr Idepap hat um 1999 das Licht der Welt erblickt. Er war zu diesem Zeitpunkt bereits erwachsen. Als „Unternehmensberater" bezeichnet ihn das Finanzamt, auch wenn er selbst mit dieser Bezeichnung hadert. Er kennt sich damit aus, wie man Unternehmen clever organisiert. Projektmanagement, Organisationsentwicklung und Strategieumsetzung sind seine Steckenpferde.

Als Begleiter im Arbeitsalltag erlebt Herr Idepap allerlei Berichtenswertes aus, in und mit seinen Projekten. Mit seinen Projektgeschichten sind nicht selten persönliche Schicksale verbunden. Herr Idepap fühlt mit seinen Gesprächspartnern, die er mal versteht und mal so gar nicht verstehen kann.

Die Menschen in den Geschichten sind frei erfunden, die Situationen des Projektalltags könnten sich so jedoch tatsächlich zugetragen haben.

Die Geschichten mit Herrn Idepap sind hier nicht zu Ende. "Gestatten, Idepap!" ist eine Kolumne in unserem Projektbrief, den wir seit vielen Jahren in regelmäßigen Abständen an unsere treue Leserschaft herausgeben. Herr Idepap wird auch weiterhin Spannendes erleben und darüber zu berichten wissen.

Ihr Holger Zimmermann

Zeitfracht Medien GmbH
Ferdinand-Jühlke-Straße 7
99095 Erfurt, Deutschland
produktsicherheit@kolibri360.de